La noche que a Eddie Felson le rompieron los dedos

Un jurado compuesto por Luis Alberto de Cuenca, Elena Medel, César Augusto Ayuso, Carlos F. Aganzo, Martín López Vega, Pedro Flores y Sergio García Zamora, copresidido por Ángeles Armisén, presidenta de la Diputación de Palencia, y Luis Calderón, alcalde de Paredes de Nava, adjudicó a *La noche que a Eddie Felson le rompieron los dedos,* escrito por Sandro Luna, el Premio Internacional de Poesía Jorge Manrique, en su séptima edición, organizado por la Diputación de Palencia en colaboración con el Ayuntamiento de Paredes de Nava.

#33#

Sandro Luna

La noche que a Eddie Felson le rompieron los dedos

VII Premio Internacional de Poesía Jorge Manrique

CÁLAMO POESÍA
Colección dirigida por
César Augusto Ayuso

ISBN: 978-84-19964-08-3
Dep. legal: P-250/2023

Printed in Spain - Impreso en España
Imprime Gráficas Zamart (Palencia)

Edita: Menoscuarto Ediciones
        Cardenal Almaraz, 4 - 1.º F
        34005 PALENCIA (España)
        Tfno. y fax: (+34) 979 70 12 50
        correo@menoscuarto.es
        www.menoscuarto.es

Para Ana Luna
que recoge el fruto
de sus dientes de leche
como palabras vivas

*¡Qué maravilla, un jardín
en medio de tanto fuego!*

IBN ARABI

I

NO HAY ESCAPATORIA

Com'è difficile restare calmi e indifferenti
mentre tutti intorno fanno rumore.

FRANCO BATTIATO

Rock and Roll
(No hay escapatoria)

A Genaro Romero

De pronto se entra en mí,
contenida, una voz
más amarga que dulce, más doliente
que hermosa, es como un sol
repentino o un espíritu.

Y un rosario de luces
que es más sangre que vena,
que es conjuro o conciencia
más que atento rocío.

Porque vienen a mí
de repente, esas tardes
de un sábado cualquiera
y me arrancan los ojos.

Y porque tú me llamas
yo me imagino a Dios
persiguiendo palomas como un niño.

A doble o nada

(Eddie Felson y Sarah Packard se conocen
en una vieja estación de autobuses)

> *Me veo en el mundo absorto por las cosas*
> *como la tinta por el papel secante; pero, de repente,*
> *la mirada del otro me saca de mi mundo.*
>
> JEAN PAUL SARTRE

Sobre la mesa caen
unas hojas pequeñas y amarillas.

Están llenas de luz,
como si el sol quisiera
recibirse en mis manos
cuando las acaricio.

¿Qué vemos cuando vemos?

¿Y al mirar quiénes somos?

Yo sé que el corazón
contiene la certeza que aniquila
con su golpe de fe
el mundo y sus preguntas.

Acaricio mi suerte,
estas hojas pequeñas.

Y me juego la vida en esta mano.

Y con vino luego sanaba
(Sala de espera)

Yo ya sé que nos vemos
como en esos espejos que tienen
los centros comerciales.

Qué lejos de nosotros nos parece
estar ahora.
¡Y que haya en este mundo
los que huyen de sí mismos por no verse!

Al mirarme me busco,
pendo del lagrimal.

No sé escribir su olor,
no se podría.

A Pinaza

Mi boca sabe a tierra
mojada y a pinaza,
a adormidera,
a hierba alucinógena,
a vena y a vacío,
a cicatriz y a senda y a catéter.

Con las piedras me junto
y respiro tan fuerte
que parece que el pecho se me rompe
y escucho mis costillas esparcidas.

La muerte es caridad

Recuerdo que, en mis ojos, al principio,
se abría, más que el frío,
un fuego anticipado.

Era vivir la muerte.

Me abría las pupilas con paciencia
una luz cirujana
para entregarme al mundo.

Entonces pude ver
que los ojos son manos
asomadas al vientre
de la misericordia.

María

(...) desde que me arrancaste el corazón
y lo pusiste en venta en un mercado.

AMALIA BAUTISTA

Una niña te mira, tú sonríes
y os lleváis de la mano el uno al otro.

Porque amamos así,
porque hemos aprendido a respirar
como el silencio
que en un campo de trigo
contrae todo su vientre
hasta hacerse invisible.

Van prendidos de aceite
sus ojos. Son azules.

Niñas tristes que sonríen

A Silvia, a Aniana, a Roma

Donde no mira nadie estás mirando.

Porque respiran fuerte,
porque se tensan,
porque han matado a Dios.

Porque no tienen miedo,
porque nada les queda por temer.

Yo rindo pleitesía a esas señoras,
dueñas del alma y dueñas
también de los venenos y sus curas.

En flor

Dance me to your beauty with a burning violin.

LEONARD COHEN

A Nerea Romero

Los olores se mezclan y yo siento
que mi casa, que el mundo,
por hermoso que sea, es una habitación
sin ventana y sin aire
que un hombre pobre alquila.

Y esa luz mortecina de la tarde
y el corazón, por dentro,
si han de abrirse, se inmolan.

Y me vuelvo un espectro
que baila con la luz dentro del cuarto,

la rosa de la muerte
que abre mi corazón.

Desaparecer

Y tú te desvaneces
en la espiral del humo
y la conciencia.

Entonces se hace un fuego
de donde no se sabe
y el aire se repliega
como una flor de loto.

No acaricia la piel.
Te la desgarra.

Bandada

Mi piel parece, a veces, esa escama
del reptil que al mudarse de sí mismo
rechaza cualquier tacto.

Y cuanto me rodea
emprende un vuelo extraño
al acercarse a mí.

Y en ese movimiento repentino,
lo mismo que la luz en el resquicio
de una puerta entreabierta,
algo vivo,
más libre,
me arrincona.

Al respirar me aprieta el esternón,
esta odisea mía al transformarme.

Soy una mutación que permanece,
una grieta en la nada que se arrastra;
centenares de pájaros
a los que el viento asusta.

Zurrón

A Carlos Marzal

Para el camino llevas
un puñado de almendras,
cuatro dátiles, diez pasas, dos higos
y esas ciruelas secas
que se parecen tanto a tus mejillas
cuando ya casi estabas
del charco al otro lado.

Un pobre siempre cuenta lo que tiene.

Un pobre siempre sabe
que nunca tiene nada.

Cielo rojo desde la ventana del hospital

¿Por qué me hacéis morir
todas las tardes?

JOSÉ MATEOS

¿Qué nos dice este cielo
que cuesta pronunciar,
qué caridad nos da,
qué nube nos enseña?

Y toda mi tristeza
la cura solamente tu alegría,
tu beso, tu tirita, tu perdón;
los labios redentores
que con tanto,
tan poco,
han abierto mis ojos para siempre.

Hecha añicos

A Carla González

Solo al mirar
se hace visible el alma

y detona la vida para siempre
y la ves hecha añicos, a la vida
igual que un polvo fino
que traspasa la luz y la materia.

El aire huele a pólvora,
a sangre fresca, a fuego,
a muerte y a temblor.

El aire huele
a cenizas de libros de poemas.

Fuerzas

A Raúl Pizarro

Nada llevan mis manos más que polvo.
Y vivo de relámpagos,
de fuerzas inconexas que coinciden
en una coordenada
extraña y azarosa
que Dios puso en mi órbita
para que yo me viera
llevado por las venas
de la electricidad
como imposibles soles que se abren.

Para morder el polvo,
a eso he sido llamado.

Y baila para nadie
la vida enamorada.

Grieta

Está escarbando el sol,
¿acaso no lo ves?

Busca la libertad en una grieta.

Guadaña

¿Qué silencio es el fuego y qué vacío
su baile enamorado?

¿Qué hermosa dama negra?

¿Qué beso de la muerte?

Bisturí

A Josep M. Rodríguez

Tiene forma de lágrima y puñal
y me abre su caricia
y le responde
mi cuerpo con la rosa de la vida.

Como el agua indecisa

A Ana y Paco

Siento dentro de mí
el temblor del rocío,
su lágrima de plata.

Y nos da de beber

A Sergio Berrocal

Yo conozco tu sed, paria del mundo.
Nazco de tu tristeza,
liberto corazón, dueño del hambre.

Me veo en cada esquina, mendigando;
revoloteo igual que una paloma
y su cielo, por triste que su cielo
sea ahora, por dentro me precede.

Por más perra que pueda parecernos
al final de la vida
más sed y más prodigios nos esperan.

Padre Nuestro

Infelices quienes sois sabios a vuestros propios ojos.
ISAÍAS 5, 21.

A Tomás Hernández

¿Por qué yo callo y todo en torno a mí me sigue hablando
y me obliga a escuchar, buscar en todos lados como un loco
los matices del sol, puntos de fuga
que no convergen nunca en sitio alguno?

¿Por qué no puedo, adentro, recogerme,
ser el fuego callado de una piedra?

¿Qué pensamiento sordo me golpea
como si aún creyera que todavía puede
despertarme del sueño en el que duermo?

¿A quién estoy rezando, qué Dios me multiplica en estas hordas
de luces imposibles, de fragmentos de luz deshabitados?

Lorena

A Lorena de Jerez,
enfermera del Hospital Moisés Broggi

Ella toca las venas de mis brazos
porque busca el camino de la sangre
y yo siento sus dedos que me suben
del esternón al cuello,
a la garganta.

Me traspasa una aguja:
su caricia.

Lorena huele a campo
y lo mismo varea los olivos
que recoge romero.

Y mi cuerpo,
que es tierra,
está en sus manos.

Yo sueño con las yemas de sus dedos.

Lleva su bata blanca
repleta de amapolas.

II

LA CAJA DE JEM

Ah, qué eterno camino se completa
dentro del corazón de un hombre.

CLAUDIO RODRÍGUEZ

Caricia

A Evita

Hacen un cuenco, viven
tus manos recogidas
en puro ofrecimiento cuando duermes.

Y recorro mis dedos por los tuyos.

Y tus puños
cerrados
en ese poco espacio me recogen.

Arder

Por fin he vuelto a casa con vosotros.

Como el viento rendido en la pinaza
no me arrastro, gobierno,
soy el sol en el mismo
temblor al recibir.

Ya siento cada cosa estremecerse.

Jamás
(Acerca del antiguo alimento de los héroes)

> *La humillación, la desdicha, la discordia, todo eso*
> *nos ha sido dado para que lo transmutemos,*
> *para que hagamos de las miserables circunstancias*
> *de nuestra vida, cosas eternas que quieren ser eternas.*
>
> JORGE LUIS BORGES

A David Pareja

Ahora sé que rendirse es aceptar
y sé, cuando se acepta, que no existe
ninguna rendición,
que puedo doblegarme
porque nada es ajeno a lo que soy.

Por la espina dorsal
la luz,
en mi interior,
está abriéndose en surcos.

Y yo que ya no estoy
dentro de mí ni fuera
la transporto.

Las palmas de las manos

A Josep M. Nogueras

Dime, pequeña bruja, niña anciana:
¿todo es espacio en ellas, recorrido?

¿Por qué al tocarme siento que nada me es ajeno,
que el mundo, su tristeza y su alegría,
también me pertenece?

¿Por qué me siento Dios bajo tus dedos,
las líneas, los caminos,
los hombres, las mujeres, esta tierra?

La caja de Jem
(Matar a un ruiseñor)

A Francisco Díaz de Castro
(Escuchando a Bill Evans)

Scout es como tú, quiero decir
que esa niña curiosa y atrevida
y que vive sin miedo
y que llama a su padre
por su nombre de pila tiene mucho de ti.
                    Y esas cosas me gustan,
que pueda ser normal algo que es serio
como la confianza y el amor
y el cariño y la risa
y que tú y yo podamos
de igual a igual tratarnos.
Y a veces, cuando me hablas,
te escucho igual que escucho a un pájaro cantor
y el universo adquiere entonces luces,
amor, vuelo, alegría
y la existencia cobra otro sentido,
otro alcance, otro logro:
la participación...

Cada vez que me traes, por ejemplo,
un poema copiado o un dibujo

o el libro que reposa en tu almohada
o la idea que ayer te vino a la cabeza
jugando con amigos en el parque.
Sostengo ese tesoro,
están todos los dones
que un ser humano puede,
con tan solo existir,
alcanzar si está atento.

Y porque existes tú, existe un canto
y yo lo siento adentro, en mi interior,
y me hace chispa y luego llama y fuego
y al final de mis días solo polvo
en suspensión, partículas
y beso ya sin miedo
y baile enamorado.

Nada
(Palabras)

A Iñaki Delgado

La mirada de un árbol
(de unas hojas de pino, de una piedra,
de ese leño partido que es Jesús)
creo que es infinita
porque está vertebrada —cómo decirlo—
en la misma quietud
con la que un niño mira atentamente
cada cosa del mundo y la posee.

Esa inocencia prende mis palabras.

Cerca del sol gravitan,
no dejan nada escrito.

Hojas de acacias

A Nerea Trabado

Llueven hojas de acacias en mis sueños,
la luz es trementina.

Todo se desvanece en esa danza.

Estoy dentro de un cuerpo que no es mío
y en una habitación que no conozco.

Nada me pertenece. Vago a oscuras.
No sé qué es lo real.

Escucho un parpadeo. Así siento la vida
y sé que una raíz alberga un vientre,
un campo de azucenas,
el gesto de un espíritu
a punto de caer.

¿Quién afina mis ojos de este modo,
la extraña posesión sobre mis dedos,
el eje en el que vivo y me celebro?

Las estrellas yo nunca las he visto
refulgir como ahora, en esta luz
doliente de mi pecho.

Coordenadas
(Clase de Geografía)

A Francisco J. Márquez

Dibujad una cruz,
el curso de los vientos.

Cualquier cuerpo es un mapa.

Y mirad estos brazos:

parece que ha estallado el arcoíris,
la llama de una rosa el tercer día.

Biblioteca

A Olivia Martínez Giménez de León

Revolotea el alma
en cientos de palomas.

¿A quién está buscando el cielo
por dentro para abrirse y revelarse?

Me escucho respirar,
roto como las grietas de la luz.

Siento que el corazón se me desmanda.

Faro

Vi la luz de la noche
racionada.
PABLO NERUDA

Despierto algunas noches todavía
como si fuera un niño
en una habitación
que no me pertenece.

Y en esa madrugada,
lo mismo que un latido entrecortado,
mi cielo y mi verdad se multiplican.

Así siento el espacio,
la gravedad, el mundo.

Y solo al olvidarme puedo ver
la luz que nace ahora ante mis ojos.

En el parque

Ni aún el cuerpo resiste
tanta resurrección.

CLAUDIO RODRÍGUEZ

A Leyre González

Cómo crecen los lirios porque saben
que ahora es su belleza sin después.

¿Y a ti, que los contemplas, qué te mueve
y te permite amar desapegado?

¿Qué te mueve, ladrón, qué estás buscando,
qué estás dispuesto a dar,
qué te hipnotiza?

¿Qué muerte te conmueve?

¿Qué amor te está matando?

Lágrimas

A José Mateos

Yo sé reconocer,
como si fuera un mago,
la tristeza.

Arrincona los ojos,
te los vence.

Las anticipa todas.

Manos

A Kilian Ortega

Estas manos que dejan
cada noche en el pecho su verdad,

¿en qué cielo gravitan?,

¿qué corazón las mide?

Ana

Ana tiene pulmones, corazón,
nariz, dedos, boca.
Respira,
siente,
huele,
toca,
calla
y sabe,
porque es grave,
que amar es lo más alto.

A sus seis años siente que el amor
es una fuerza viva y nos transciende.

Se entrega cuando abraza,
nada mide su ser en ese ahora.

Y a sus manos acudo ya rendido.

Y a su gracia me doy completamente.

Cuando hacemos zumo de naranja
(Un sábado cualquiera y suena Franki Vallie)

A Lucía Carreño

Si me olvido de mí,
todo desaparece
y la vida se yergue desde el centro
de las constelaciones
como un amor más grande.

Y en esa evanescencia
mi ser no se disipa.
Es más fuerte que Aquiles,
más sabio que Quirón.

Y no existen preguntas ni respuestas.

Y no se sabe nada.

Se parece a morir y seguir vivo.

Nubes

A Clara Monzó y Daniel Fernández

Has recogido el vientre del que nacen
y en tus manos has puesto lo que duele:
un sábado de lluvia.

En las paredes buscas
el algodón del cielo.

Esperas todavía que el viento se las lleve.

Pero el agua te mece.
Duérmete, niña.

Imanes

A Óscar González

Hoy Ana ha descubierto
que las fuerzas iguales se repelen
y que hay una distancia entre esos cuerpos
magnética, invisible.
Una separación
que intuye que es eterna.
                                        Y eso duele.
Yo lo sé por su ceño y su expresión,
por los labios que pone
—son muchos días ya
mirando sin descanso quién es ella,
la niña que se duerme entre mis brazos
escuchando a Ramones, Patti Smith,
Camarón, David Bowie—.

Ha cumplido los siete
y sabe que un imán
cualquiera tiene fuerza y corazón,
el don ingobernable de dos óxidos,
una electricidad que es luz y es sombra.

Para que no te olvides te recuerdan
que a veces es mejor
callar, ser de otra forma, dar la vuelta.

Otro mundo es posible.

(8 de octubre 2014 – 11 de octubre 2020)

III

GIRASOLES

Como una flaca ceniza
delante del gran viento.

JUAN DE ÁVILA

Aurora

De tu don no te guardes, bucanera,
pon el alma y las manos
a la deriva siempre, donde duele.

Serás Jason, Jonás, Ulises, Job.
Queequeg, Ahab, Tom Sawyer
y huirás de ti misma y no sabrás
quién eres, qué es el mundo,
qué es la vida, la muerte,
quiénes fueron tus padres, si has nacido,
si has muerto ya, si vives para siempre
todavía en un mar de pesadillas,
si el litoral, la costa
sigue siendo refugio
para el que busca el oro
adentro de sí mismo.

¿Dónde vas cuando duermes,
dónde llevas guardado
todo el amor del mundo,
el precipicio?

Llévame donde el ojo se detiene
y en ese abismo dame
un poco de tu fe.

Castillo de arena

A Javier Gilabert

Puse mi corazón cerca del tuyo.
La vida se me daba sin preguntas
con solo desearla.

Cogí velocidad, ganas, espacio,
me vine tan arriba
que creí ser el dueño de mí mismo.

El cielo daba altura.
Dios, arrojo.

Volé cerca del sol,
profané algo sagrado,
noté cómo mi espíritu volaba
en todas direcciones.

Esa arena juntamos,
un castillo de naipes
que el tahúr de tu padre
construye para ti
cuando te habla de Ulises.

Y el agua de esta orilla se lo lleva.

Rápidos

A Vicente Gallego

El agua se transforma por los rápidos,
atraviesa las luces, recompone
su ser constantemente entre las rocas.

Y sé que no soy más
que el cuerpo atravesado de una piedra.

La noche que a Eddie Felson le rompieron los dedos

Tenemos un contrato de mutua tristeza
y una impenetrable oscuridad que nos rodea.

SARAH PACKARD

A Agustín Pérez Leal

Los cuerpos que se abrazan son chasquidos
de bolas de billar que se golpean.

Y es difícil amar, porque nos duele.

Igual que las personas,
igual que los chasquidos
de esas bolas
aparecen algunas
palabras en mi vida que no entiendo.
Pero yo las repito en mi cabeza,
yo repito esos nombres
igual que si rezara.

¿Qué es la dignidad?

Y empiezo a comprender al escribir:
tengo los dedos rotos.

Recito en casa los heraldos de Vallejo

Me he visto hablando solo
y el viento se ha cortado
en mi respiración.

La muerte se ha hecho vida para mí.

Más tristeza que días
se han ganado mis ojos.

Sacramento

Los objetos se transfiguran en sacramentos.
LEONARDO BOFF

A Rubén de Jesús

En donde escribo tengo un cenicero.
Lo compramos un sábado o un domingo
de un año ya olvidado.

Me acompaña hace mucho.
Ha cambiado de casa unas tres veces,
lo lavo con jabón y con lejía...
siempre huele a ceniza,
parece el guardapolvo de un jinete,
la cicatriz de un hombre al que recuerdas
y no sabes por qué,
las manos de un mendigo.

Como la piel de un viejo
su tacto me alecciona
y me dice que el polvo
lleva dentro, a raudales,
la luz de nuestra vida.

Escucho su fraseo a través de los dedos,
su verdad y su música
y sé que yo he nacido
para ser ese cuenco
que nació para el polvo y la ceniza.

Hoy siento que al tocarlo estoy tocando
las manos de mi padre.

Cucaracha

Corre una cucaracha
por la pared de clase
y mientras todos gritan,
en mis ojos,
el tiempo
se detiene
como una ensoñación.

¿Acaso nadie ve
corriendo por su lomo
el ámbar de la luz?

Viejo

Mi padre muchas noches,
igual que un buscavidas,
entraba malherido
en nuestra habitación;
se sentaba a los pies
de mi cama, la tuya,
y apretaba sus manos
en nosotros.

Su pulgar recorría –Dios lo sabe–
con amor y cariño
el talón, la rodilla...
y reclinaba entonces
su cuerpo junto al nuestro y nos besaba
el mentón y la frente.

Nos estaba dejando así su herencia.

Y quedaba en el cuarto, entre sollozos,
ese olor a ginebra y a tabaco
y el eco de sus manos temblorosas.

Yo acaricio los pies de mi pequeña
—mi padre viene a mí—,
dejo el pulgar trazar en sus tobillos
la tenue pulsación de mi caricia,
me reclino en su cama junto a ella,
desaparezco.

Y me da su mentón,
me da su frente.

Al besar a mi hija estoy besando
los labios de mi padre.

Elegía

A la memoria de mi padre

I

Hace tres años ya
le detectaron cáncer;
siento que ese tumor,
su misma fuerza,
existe todavía en mi recuerdo:
tan anclado está en mí
que hoy no sé pensar con claridad.

Ahora mismo me aturde
aquella tarde fría
a punto de empezar
la junta del trimestre.
Jamás en claustro alguno
sonó con tanta fuerza
la vibración de un móvil,
tan grave
aquel silencio.

Y cada veintinueve de noviembre
otra vez viene a mí
con su vientre vacío, niño, seco,
la imagen de mi padre, pobre, muerto.

Y que Dios se apiade de nosotros
si es que puede, esta noche, separar
de la madera, el clavo;
de mí, su corazón.

II

Una vez me llamó desde Madrid.

Yo, sin saber, supuse,
que estaría en El Rastro
y no distinguiría —tan borracho—,
ni el cielo ni las nubes
ni la alegría pobre
que ahora sé que ponía
mansamente en mis ojos
como alguien que se aleja sin motivo.

Y ocurrió lo que ocurre
cuando de igual a igual
dos hombres que se aman
se dicen en silencio
cosas incomprensibles.

Fe

A Cristina García

Porque sé que a los cuerpos,
aunque mueran,
los junta una energía;
sé también que la muerte
es solo un pensamiento.

—¿Qué harás cuando te mueras? —me pregunta mi hija.

Sentarme en las rodillas de mi padre.

Trenza

Mi abuela le buscaba al hilo trenzas,
algo dorado y puro
que ya tuviera el hilo en su costura.
Ignoro si ella supo,
cuando aún tuvo cabeza,
que ese Dios que buscaba sin descanso
era solo el pespunte,
imaginadas manos hilanderas,
telas definitivas.

Aún la veo planchar en mi memoria
una camisa,
un algo.

Y creo en ese Dios
y en esa trenza.

Jerez
(Manuel Agujetas)

Porque suenan las palmas,
porque quieren las manos con tan poco
dar su verdad al mundo,
su gracia,
su alegría.

Huele a vino,
a aceituna,
a campos, a pan negro y a pobreza,
a loncha de tocino,
a naranja, a tomate, a queso rancio.

Huele a tierra mojada,
a calle, a surco, a grito,
a lágrima, a pelea y a cajón,
a orín de perro,
a nada.

En sus dos manos juntas
los gitanos
abren sus cicatrices a la muerte.

Así quiero verte

Sus ojos vivos, no sé de qué color, pero de fuego.
FRANCISCO BRINES

En el mercado canta una gitana.

Sus ojos me vacían,
soy su templo.

Abuelo

Yo me imagino el vino
bebiéndolo directo de tus pies.

Y solo sé de ti
que pisabas las uvas.

Agnus Dei

(...) y tomó la fe.
SOREN KIERKEGAARD

A Antonio Praena

La memoria me lleva
al carnero enredado en un zarzal
que fue sacrificado
en el monte Moriah.
Y pienso en Zurbarán y en todos
los filósofos mendigos
y en san Judas Tadeo.

Quizá tú fuiste Abraham
y yo, tu primogénito.

Seco al sol para verte
estas hojas de hierba, bebo vino

y así la realidad se desvanece.

Yo soy ese carnero en el zarzal
del hambre y la memoria
y bailo como Zorba al recordarte.

Contra la muerte
(The way young lovers do)

A la memoria de Miguel Ángel Velasco
y a Consuelo Pereda-Velasco

Hemos puesto esta noche el *Astral weeks*
y hemos bebido vino.
Yo he fumado esa hierba que bendice
las vértebras y he entrado en armonía
con todo lo que existe. Y a conciencia,
en un extraño baile como de almas perdidas,

he seguido el dictado
de ese dios impreciso
que me obliga a callar
y me he venido adentro.
Y ha querido nacer
del gran silencio la palabra.

Han tocado mis manos las grandes extensiones
de la herida que vive y que supura.
Mi casa se ha hecho miedo en el vacío
de mis ojos y he visto
el confín de la tierra, el precipicio.

¿Qué vino me sanaba
que yo ya no existía
dentro de mí ni fuera?

Vivir es un milagro ajeno al mundo.

Dylan y yo

A Dylan

Me mira fijamente.

Yo quiero sorprenderle algunas veces,
por ver si parpadea.
Y siempre me adivina y se anticipa
y me queda esa duda,
si ha cerrado los ojos
en un instante breve
y los ha vuelto a abrir
sin que del todo yo lo viera.

Entonces se ronea, viene a mí,
tan perfecto es su amor.

Apoya su cabeza en mi rodilla,
se hace respiración el cuarto.
Cae la luz de la tarde en el alféizar
y todo cuanto miro me conmueve.

Girasoles

A Antonio Moreno

Como un brío que asoma
de donde no se sabe,
esplende esta medusa por sus pétalos
en una extraña danza ensimismada,
tan hermosa y doliente,
dispuesta en dos mitades.

Me piden que los mire fijamente
desde el temblor innato de mi médula;
sea electricidad callada, viva,
todo lo que nos mueve:
la estructura, el espacio vacío,
el baile vertical
que Dios traza en el cielo algunas veces.

Y siento que al mirar
se desplaza mi centro con la luz;
que, en orden, con las nubes,
manso como un cordero,
mi corazón no late
más ni menos que el sol.

Y cómo no rendirse,
agachar la cabeza,
dar la vida.

Índice

I

NO HAY ESCAPATORIA

II
LA CAJA DE JEM

III
GIRASOLES